AF286453

1

Am Anfang war das Wort.......

Tief im Innern hat es gebrodelt.
Worte - Begriffe - Bilder
haben sich einen Weg gesucht, sich
zusammengefügt ...
Texte und Bilder sind entstanden
und finden sich hier wieder in

„ENTWICKLUNGEN"

„AUSWIRKUNGEN"

$\otimes$

„Paarweise"

Des Lebens Lauf

Zeit - Zug – Zugzwang
Dazwischen
Die Zeit
Schweigen
⊗

Aggressionen
Notbremse
Loslassen
⊗

Süchtig auf Liebe
Liebe mit Abstand
⊗

Der neue Weg
Getroffen
Verschwommen
⊗

Stärke
Stärke durch Wurzeln
Ozapft is
⊗

Traum und Wirklichkeit
Die andere Welt

Zeit – Zug – Zugzwang

Zug um Zug verrinnt die Zeit
Zeit ist Geld
Geld ist schwer zu verdienen
Verdientes ist wenig – viel –
Viel Zeit haben ist schön
Schön für wen, wenn sie nicht vorhanden ist

Die Zeit

Zeit – dabei in Zugzwang geraten – es ist so viel zu tun

Tun – für wen – für was
Was anfangen mit der Zeit, um nicht in Zugzwang zu
geraten

Zeit zu haben – Zug um Zug für sich selbst
Zügig vorankommen mit der Zeit – mit Zwang –
wohin

Gehen lassen – die Zeit
Fahren lassen – den Zug
... um nicht in Zugzwang zu geraten

Lange ist die Zeit – wie lange

Leere Zugabteile
Manchmal gefüllt mit ein bisschen Wärme, ein
bisschen Leben

Nicht genug davon, doch Zeit ist da
Ausgefüllt oder leer läuft sie dahin wie das gleichmäßige
Rattern eines Zuges, der an einzelnen Stationen hält

Stationen des Glücks

Stationen der Sehnsucht

Stationen des Mitteilens

Stationen des sich gehen lassen`s

Stationen der Einsamkeit

- Abstellgleis -

Bis zur Reparatur des Zuges

Dazwischen

Zwischen den Gleisen liegen Steine
Zwischen den Zeilen liegt Wahrheit
Steine sind hart
Wahrheit ist klar
– o wie wahr -

Die Zeit

Die Zeit vergeht im Flug
Mancher springt noch auf den fahrenden Zug
Um mitzukommen - aber wohin -
H e t z e – S t r e s s – welcher Sinn?
Die Zeit vergeht im Flug
Mancher lässt ihn fahren den Zug
Um anzuhalten
I n n e h a l t e n
W a r t e n
– auf wen – ?

Schweigen

Heute nahm sie sich vor zu schweigen
Um zu zeigen
Daß es auch anders geht

P L Ö T Z L I C H weht ein anderer Wind

Es gilt zu zeigen
Und nicht zu schweigen
Daß es auch anders geht

AGGRESSIONEN

Stolpern –
   über andere – über mich selbst – über ein
Hindernis

Fallen –
   tut weh – macht aufmerksam – macht wach
   für den Schmerz

Aufstehen –
   aufwärts – in die Höhe – schmerzlindernd
groß werden – wohltuend – weit sehen können

Notbremse

Bremsen aus Not

Bremsen aus Hilflosigkeit

Abgenützte Schuhsohlen - abgebremst

Wunde Füße suchen Heilung

Ausrutschen - weil bremsen durch Glätte nicht
mehr möglich

Fallen können auf Watte

Tut gut

Los lassen

Um   groß werden zu können

Um   raus zu kommen

Um   Erfahrungen zu machen

Um   in ein neues Blickfeld zu gelangen

Um   zu fallen - keinen Halt mehr zu haben

Um   anzustoßen - zu kurzer Rast

A U F S T E H E N

Süchtig auf Liebe

Süchtig bin i auf Liebe
I verteil dabei Seitenhiebe auf die, die i
eigentlich mag
So vergenga de Tag
I bin süchtig auf Liebe

Kannt`s sei, daß i krank bin
Daß i was net vertrag
In meiner Lag -
Bin i süchtig auf Liebe?

Eigentlich woas i was i will
Andre sagn, des is vui zvui
I bin süchtig auf Liebe

Dem oana tuats weh wenn i geh zum andern hin
Weil i süchtig bin auf Liebe...
... weil i`s net schaff
mit aller Kraft
nur zu lieben den oan

Liebe mit Abstand

I kann di sehn
Von weitem und von nah - des is wahr

Zwischen uns is a spürbare, fast durchsichtige
Wand
Die muaß no sei
Auch wenn i dir gebn kann mei Hand
Unsre Wege san grundsätzlich gleich
Nur den, den i gfundn hab, hast net erreicht
De Wand is mei Sicherheit für viele
Gelegenheiten
So kann so schnell koaner auf mir rumreiten
I kann di sehn
Von weitem und von nah - des is wahr

11

Der neue Weg

Sie war schwach - angreifbar
Fiel um bei jeder Gelegenheit - fürwahr
Schemenhaft und farblos stand sie da
Zur Belastung der anderen

Das sah sie ein - und begann zu wandern
Der Weg war steinig - hart, aber gesund

Sie nahm zu an Gestalt, bekam Farbe und neuen
Grund
Auf dem sie wieder stehen lernte

Nun steht sie da
Nicht mehr angreifbar
Stark
— und die anderen -

können sie sich daran gewöhnen?

Getroffen

In meiner Seele
Ich wähle den Abstand und bleibe allein
Jedoch
Ich quäle mich
War es richtig - dieser Schritt
Eine Stufe weiter bin ich gekommen
Ich sehe nicht mehr alles so verschwommen
Geweitet hat sich mein Blick

Verschwommen

Der klare Blick
Liegt weit zurück
Die Unklarheit tritt näher ein Stück
Verschleiert ist die Sicht - wie Nebel

Gefesselt und geknebelt
Der Schritt wird lahm
Die Beine fangen zu zittern an

Wo bleibt das Licht?

Der Nebel sinkt nach unten
Ich schwebe nach oben

Und

Erlebe das Alte aus neuer Sicht

Stärke

S èrste Mal des Gfühl habn - i bin stark und
fest
Nimma drinliagn müssn im Nest
Eibundn in des, was andere mögn

P - peng
Hats gmacht
Die Schale hat kracht
Zur Grundmauer is worn
Nimmer übersehbar und kloan
So steht sie da

Lang hats braucht bis gstandn is
Jahr für jahr is gwachsen mitm Leben
Koaner übersiagts mehr
So is gschehn

– – –
I hab a Gfühl
Ohne daß ich`s will
I bin stark
Es kummt von da Zärtlichkeit
A bissl von da Ewigkeit
I bin stark

I habs eingeatmet die siaße Luft
Es bleibt hänga der Duft
A bissl von d Ewigkeit
I bin stark

Zersprengt hats ma des Band
Anglegt hats a unsichtbare Hand
Jetzt bin i frei
Kannt singa und springa – Liadln ostimma
I hab a Gfühl – ohne daß ich`s will
I bin stark

Stärke durch Wurzeln

Stark is worn
Zuerst durch andere
Und dann durch sich alloa
Sie hat gmoant, des kannt nia gehen und hats nia
toa
Jetzt stehts da mit feste Wurzeln in da Erdn
So kanns was werdn

Ozapft is

An Vodern hats ghabt, sehr lang scho
Er war a pfundiger Mo

Zwischen de zwoa war de Weg weit
Um öfta zsamm z`kemma war zwenig Zeit
Ozapft hats heimlich des was gfehlt hat
Die Gab`hats ghabt

Wegganga is er eigentlich z`gach
Danach
War er näher do
Der guat Mo
Und weiter
Ozapft is

Traum und Wirklichkeit

I ghör dir nur a bestimmte Zeit
Manchmal a Gspür von da Ewigkeit
Bis dahin is hoffentlich no weit
Dankbar bin i für das Hier und Jetzt
Nachher laß ich`s setzen
Und denk nach

Die Zeit tuat guat
Bringt neuen Mut
I siach was gscheit`s und bin zufrieden
Hinieden
Das heißt in der Ewigkeit
Hat`s no mehra Zeit
Is scho wieder Zeit zum reingehn in die Wirklichkeit
Für a Zeit weggehn vo de Traam
Dastehn wia a Baam
Mit oder ohne Wurzeln
Aufpassen, das ma net wegpurzelt
Dann is scho wieder Zeit zu versinken in die
andere Welt
Um aufzutanken für des, was gefällt

Die andere Welt

Do is no oaner, der braucht Zärtlichkeit und
Schutz
Noch trutzt er diesen Eigenschaften
Andere bleibn no a wenig an eam haften
Doch die Zeit kommt
Wo jeder der oidn Eigenschaften seine Fiaß nimmt
und verschwind
– – –
Wia a Oachkatzl hängts an eam dro
An Schwoaf eigrollt, als kannt eam koana was
do...
Trotzdem findt er doch die Stell wo`s brennt
Weil er`s kennt

Gestern - heute - morgen
Kreise - Geduld
Die Krise
Veränderung

⊗

Kreuz und Quer
Des Menschen Lauf
Das Leben als Phrase

⊗

Muster und Struktur
Der Baum
S`Engerl
Auftankt

⊗

Beobachtungen
Die Liege
Wolkenbilder
Die Grube

⊗

Der Lebensclown

Gestern – heute – morgen

Gestern ging ich im Kreise immer rundherum
Mir wurde schwindlig, ich machte mich krumm

Klein geworden blieb ich stehen
Und dachte bei mir
Ich könnte doch vorwärts und gerade gehen

So fing ich an größer zu werden und zu wachsen
Auf zwei Beinen zu stehen - auf meinen Achsen

Geradeaus ging mein Blick
Nach vorwärts schaute ich - und sah nicht mehr
den Kreis
Und nicht mehr zurück

Gestern trugen die Beine
Heute sind sie wie Steine

Gestern konnte ich lachen
Heute denke ich an dumme Sachen

Gestern konnte ich vieles tun
Heute sitze ich da und soll ruh`n

Gestern war sie noch in Ordnung die Welt

Ob der ea oben nicht bald mal eine Entscheidung
fällt

Kreise

Jeder zieht auf seine Weise
Ganz leise
Seine Kreise

Doch plötzlich - ein Knall -
Auf jeden Fall
Gebückt - geduckt - erstarrt

Bleibt jeder stehen und verharrt

Komt noch ein Knall

Nein

Aber einer mit einem Ball
Er läßt ihn hüpfen, springen
Und verbindet vor allen Dingen
Auf seine Weise
Die Kreise

Geduld

Geduld lernen braucht Zeit
Manchmal erscheint dies wie eine Ewigkeit

Solange Zeit hat doch keiner

Oder bist du so einer?

Die Krise

Heute war ein Tag wie jeder Tag
Wie jeder Tag?
Mag sein - jedoch ein Unterschied - ganz klein
So kann man sagen
Man muß ihn - kann ihn - soll ihn ertragen?

Annehmen heißt die Devise
Jeder steckt nun mal in einer Krise

Diese — ganz ungefährlich
Kommt sie täglich, monatlich oder jährlich

Annehmen heißt die Devise
Jeder steckt nun mal in einer Krise

Dem andern sagen — soll ich es wagen
Wie es mir geht - es um mich steht?
Ob es richtig ist - geht es dann besser
Oder sticht`s dann nach wie vor wie Messer

Sie entschärfen ist die Devise
Jeder steckt nun mal in einer Krise

Durch Tun geht vieles besser — ist auch richtig
Jedoch - besser erscheint mir nicht das vorbei
gehen
Das Zupacken ist wichtig

Raus aus dem Schneckenhaus ist die Devise
Jeder steckt nun mal in einer Krise

Trotzdem heißt es nicht verzagen
Nicht den Kopf hängen lassen und still ertragen

Stark sein heißt die Devise
Jeder steckt nun mal in einer Krise

Veränderung

Ich gehe auf sie zu
Und lasse sie doch allein
- eigentlich will sie heim -

Es ist ihr recht wenn ich manches tu
Manchmal lass ich sie in Ruh
Eigentlich braucht sie mich
Ich lass`sie auch nicht im Stich

Wie die „Alten " so sind -
Meistens bin ich ihr Kind
Manchmal höre ich ihre Stimme
Wenn ich mich dann so richtig entsinne
War`s nur ein Traum

Sie steht nicht mehr da wie ein Baum
Desgleichen die Worte:
Sie klingen nicht mehr so hell
Und nicht mehr so grell
Tun auch nicht mehr so weh
Und gehen nicht mehr vom Kopf durch bis zur Zeh

Die Tage werden ihr zu lang
Oft wird ihr Angst und bang

Die Zeit, die ihr noch übrigbleibt sollte oft
schneller vergehn

Geduld zu haben ist für beide schwer
Bald wird sie wie ein Kind
Dann gewöhn ich mich an sie

Und

Gebe sie nicht mehr her

Kreuz und quer

Kreuz und quer geht der Lauf des Lebens
Oft geht man verschiedene Wege
Vergebens
Der eine Weg ist zu Ende
Der andere war eine Legende
Der nächste Weg - na klar
Kommt der Wahrheit nah
Kurz vorm Ziel angelangt
Welch Missgeschick
Geht man den Weg wieder zurück
Und
Fängt von vorne an
So man kann

Des Menschen Lauf

Augen zu - Augen auf
So ist manchmal des Menschen Lauf

Es könnte so sein oder so
Juckt mich ein Floh
Oder ist es anderswo so

Lupenrein ist nicht alles was man sieht
Vor der reinen Wahrheit man oft flieht

Es könnte einem passieren daß man erschrickt
Daß das Herz stehen bleibt und nicht mehr tickt

Nur wenige gehen auf Ungewisses zu
Das Stichwort heißt Vertraun

Der Mut gehört dazu
Auch D U

Das Leben als Phrase

Ein Stück Leben ist wie eine Phrase
Oft kurz wie die Länge einer Nase

So wie die Form beider Ohren
Das eine ist zum Hören der Obertöne besser
erkoren
Das andere hört die gleichen Töne - nur tiefer

Die widerkehrenden Laute aus dem Mund klingen
massiver

Die verschiedenen Phrasen
Zusammengestellt zu einer Partitur
Dazu das Ticken einer Uhr
Ein bisschen Takt und Gefühl

Ergibt eine Form im Lebensgewühl

Muster und Struktur

Meine Muster passen nicht zu deiner Struktur
Nur
Mit meinen Mustern kann ich umgehen
Ich muß nicht drum herum stehen
Sie wegschieben
Und verbiegen

Meine Muster geben mir Kraft
Damit ich mein Leben schaff
Und in meinem Leben bleibe

Die Struktur ziehe ich nebenbei mit
Manchmal ein kleines oder größeres Stück
Aber sie wird mein Leben nicht bestimmen

Ich will ihr nicht entrinnen, denn sie ist da
Ich muß mit ihr umgehen, das ist klar
Doch um kräftig dafür zu sein
Tauch ich immer wieder in m e i n Leben ein

Der Baum

Ein Baum hatte einen Traum:
Er war umgeben von einem Saum
Wie bei einem Kleid
Seine Blätter fühlten sich an wie ein Flaum
Jedoch
Der vorbeikam - sah es kaum

Da steht er, der Baum mit seinen Wurzeln
D`Sonn is abipurzelt hintern Baum
Im Traum hab i d`Sonn gsehn wia sie verschwindt
Nach hint
Und der Baum steht ver - rückt nach vorn
Unverworrn

S`Engerl

S`Engerl sitzt am Klavier und denkt:
Heiße Busserln san zu vergebn
Des waar der Inhalt vom Leben
Doch so schnell sans verflogn
Und ozogn bin i a net
Vom lauter Vergebn wird ma kalt
Und bald
Nimmts Engerl seine Fügel - fliagt in d`Höh
Und die Kältn tuat nimma weh

Auftankt
Zeit ghabt
Nachdenkt
Kemma lassn
Nachgfragt
Verstanden

Beobachtungen

Tokio - bekannt - sowieso
Athen - azurblau - nie gesehn
Rom ist größer als Bonn
Außerdem
Politik - Katholik - Unterschied ?

— — —

Nudelsalat - Salatblatt - Blattspinat
Satt geworden bin ich von allen drei
Nur im Monat Mai mag ich gern Brei
Von November bis Mai
Nudelsalat

— — —

Kennst mi no
Kunnst ma net sagn wer des is auf dem Foto ?
I muaß mi so plagn
Wenn i net gwunna hätt im Lotto
Und hätt jetzt a Bruin
Dat i sagn
Des is Kunst

— — —

Das Leben besteht aus Geben
Nicht regen sondern legen bringt Segen
Der Grund dies nicht weg zu fegen
Ist
E r f a h r u n g

Die Liege

Weil die Liege alt war
War sie nicht gespannt
Vorher hat er sie nicht gekannt

Sie war nicht gespannt
Denn sie war alt
Ohne Auflage war sie kalt

Weil er wollte drauf liegen
Ist ihm nichts übrig geblieben
Als sie zu spannen
Statt durchzuhangen
Denn sie war alt

Gespannt war er
Ob sie es aushält
Ohne Auflage war sie kalt

Wolkenbilder

Weiß - grau - rosa verfärbt von der Abendsonne
Ziehn die Wolken dahin
Manchmal eine Wonne zuzusehen
Wie sie vor den Augen hin- und hergehen
Vom Winde geschoben
Ab und zu ist das Gefühl da aufgehoben
zu sein auf der Wolke Sieben
Getragen zu sein und nicht aufgerieben
zwischen den Bildern
Sie schildern ganze Geschichten
Ob erfunden oder wahr
Auf alle Fälle verändern sie sich dauernd
Das ist klar
Wie ein Vorhang hängen sie da dicht und
undurchsichtig
Dazwischen erhellt ein jäher Blitz die Wand
und macht die Vorstellung nichtig
alles drum herum wäre geschlossen - ohne Rand
Donner und Regen hellen wieder auf
Die Wand ist verschwunden

Durchlebt und überwunden
ist die Macht der geladenen Spannung

Die Grube

Wasser in der Baugrube
Besser als in der Stube
Ausgehoben um zu bauen

Nur nicht anderen Leuten trauen
Wackelig eingegrenzt nach draußen hin
Danach von außen verdunkelt
Um nicht zu sehen was drin

Einschnitt in die Tiefe ohne Durchblick und Sinn
Die Konturen der Berge drumherum sind klar
Da steckt was drin

Die Grube - nicht genug gestützt bröckelt ab
Stück für Stück

Bäume - Steine - Straße - verbunden mit Gefahr
Es wird noch lange dauern
Bis die Weite von vorher - das Vertrauen und die
Klarheit wieder da

Der Lebensclown

Ich bin ein Lebenssclown
Ich geh entlang am Zaun
Und schau hinüber auf die andere Seite:
Da steig ich auf den Baum
Höher geht es wohl kaum
Vor mir tut sich auf eine unheimliche Weite

Mir wird ganz schwindelig
Ich gehe paar Äste zurück
Doch ganz zurück will ich nicht mehr
Ich halte mich an dicken Ästen fest
Der Blick zurück gibt mir den Rest
Ich sehe den Vögeln zu - die bauen sich ein Nest
Ein Lichtblick, um die andere Seite zu vergessen

Utopie und Wirklichkeit zieht mich magisch an
Doch, wie`s dazwischen aussieht
Geht fast keinem was an

Ich bin ein Lebensclown
Ich geh entlang am Zaun
Und schau hinüber auf die andere Seite
Ich schwimm im Meer allein
Über mir der Sonnenschein
Vor mir tut sich auf eine unheimliche Weite

Der Atem wird rar
Doch dabei wird mir klar
Ganz zurück will ich nicht mehr
Ich werde schwer
Doch das Wasser gibt Halt
Ich habe das Gefühl-ich kann nicht mehr-mir wird
kalt
Der Blick zurück gibt mir den Rest
Ich sehe ein Rettungsboot und halte mich daran
fest
Ein Lichtblick um die andere Seite zu vergessen

Utopie und Wirklichkeit zieht mich magisch an
Doch, wie`s dazwischen aussieht geht fast keinem
was an

Ich bin ein Lebensclown
Ich geh entlang am Zaun
Und sehe hinüber auf die andere Seite
Ich gehe durch die Wand
Und sehe allerhand
Vor mir tut sich auf eine unheimliche Weite
Über die anderen weiß ich Bescheid
Sie schauen auf mich voller Neid
Ganz zurück will ich nicht mehr

Ich weiß zuviel
Ich werde schwach
Habe Angst
Ich halte ihn nicht durch diesen Stil
Habe Angst
Vor dem großen Krach

Der Blick zurück gibt mir den Rest
Ich sehe eine Wandzeitung in der geschrieben
steht
Wie es weitergeht
Ein Lichtblick
Um die andere Seite zu vergessen

U T O P I E   und   W I R K L I C H K E I T

Paarweise

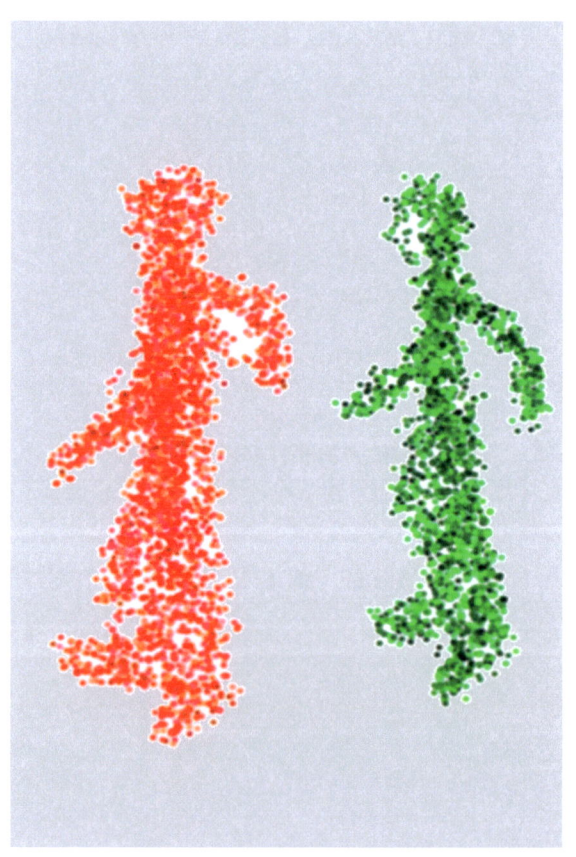

Ein Geschenk

Wie vom Himmel geflogen
Etwas hat mich angezogen
Und ich habe sie gefragt
Sie hat ja gesagt
Schwingungen übertragen sich nicht nur durch Musik
Auch über den Menschen, der liebt

So was nennt man Gnade
Es ist nicht üblich, daß ich so was von vornherein habe

Es ist so geschehen
Ich habe die Gabe dies zu sehen
Und ich bin dankar dafür

Stimmen schwingen zusammen durch Gefühl
Auch durch schauen und spüren wenn ich das will

Die Gleichheit der Schwingungen und Stimmen kann sich
auf andere übertragen
Wenn die es sehen und wollen, können sie auch was davon
haben

Annahme

Weil du mich kennst
Und mich beim Namen nennst
Mag ich dich

Du läßt mich kommen
Auch wenn meine Gedanken noch ganz verschwommen
Du hörst mir zu

Den Duft in der Küche nehme ich nicht wahr
Wie ein Igel eingerollt, so liege ich da
Wie in einer Höhle

Das Streicheln deiner Hände auf meinem Rücken tut gut
Ich werde ruhiger und habe den Mut
Langsam etwas von mir zu erzählen
Und dabei nach vorne zu sehen

Es wird um mich heller
Ich rede ein bißchen schneller
Und
Ich rieche den Duft, der aus der Küche kommt

Deine Gedanken helfen den meinen sie zu gestalten
Immer wieder möchte ich mich an dem, was ich noch nicht
weiß festhalten
Erst mal geht es wieder weiter
Nach vorn
Nicht zurück
Was für ein Glück

Von Wasser in Bewegung umgeben
Fängt der Vulkan an zu leben

Getragen, geschützt, gestützt von zarter Hand
Befreit sich der Vulkan durch die enge Wand

Der Vulkan

Von Wasser - in Bewegung – umgeben
Fängt der Vulkan an zu leben

Getragen, geschützt, gestützt von zarter Hand
Befreit sich der Vulkan durch die enge Wand

Verströmt nach oben

Vorsichtig fängt er an zu toben

Und blüht auf

Leben und leben lassen

Jetzt steht er da mit der Pfeif in der Goschn
D`Händ in der Hosntaschn
Und wart auf des was kummt

Umsonst is er net da

Eam hats gschmeckt
Der Tisch war eichlich gedeckt

Aber

Es fehlt no was guats

Wer woas, ob si`s no tuat

Eingefangen in Liebe
Ohne Seitenhiebe
So läßt es sich leben

Ein wenig Geben
Ohne schwer zu heben
Tut gut

Es braucht Mut, dies zuzulassen
Mancher kann es nicht fassen
daß es so ist

Gut ist es, wenn man dabei die Sorgen und Nöte vergißt

Liebe hält den Atem an – füllt neu auf –
Gibt viel Kraft für den weiteren Lebenslauf

Fließen zum Licht

Ich fließe über vor Glück
Und besinne mich auf die Zeit zurück
Wo ich mit Sehnsucht dieses Glück ersehnt

Es strömt durch meinen Körper – durch die kleinsten Ritzen
Manche meinen von außen – es tät bei mir blitzen

Ich wußte nicht, daß ich überfließen kann
Dazu fehlte mir etwas – so dann und wann

Ich meine das Licht – es ist unheimlich hell
Der Überfluss bleibt – er geht nicht weg so schnell

Es bleibt kein bitterer Nachgeschmack
Das Du und Du ist klar

Ich fühle mich von dem Licht vollgepackt
- um einen Zeitpunkt zu nennen –
Für ein Jahr

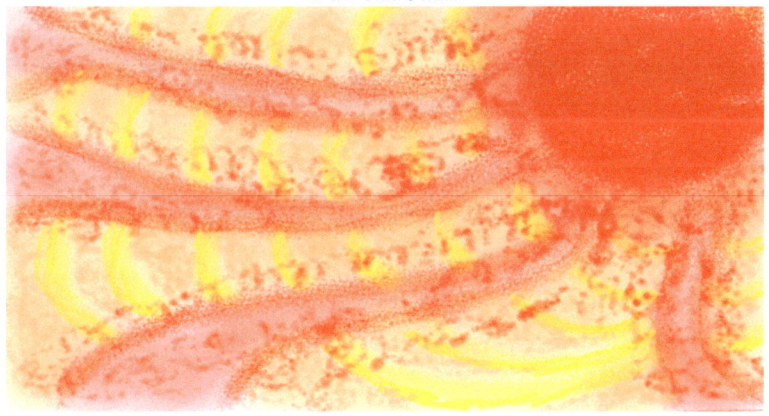

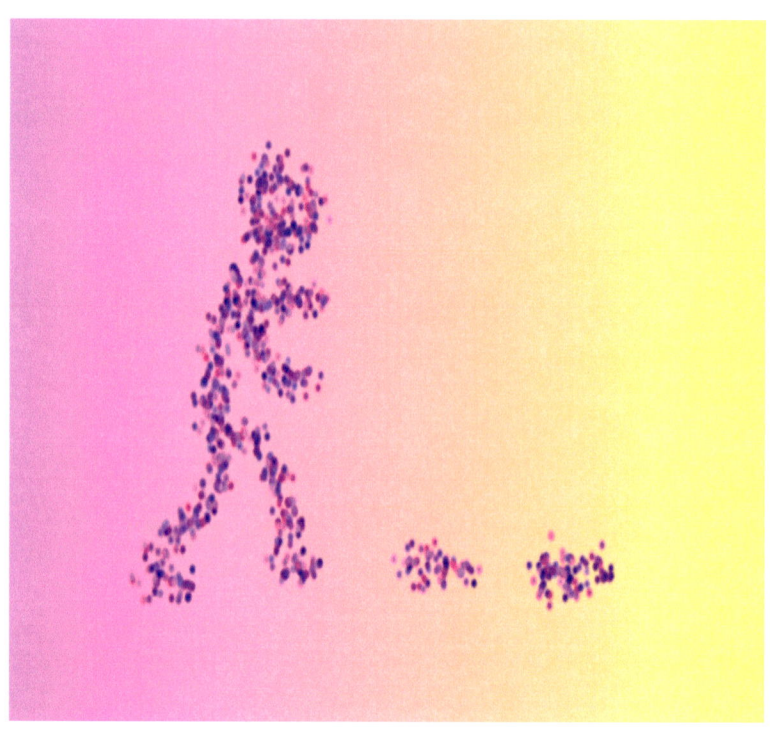

Verschwunden

Zwei sind kurz hintereinander weggegangen
Das war zuviel
Der Verstand hat`s gepackt – aber nicht das Gefühl

Eine Lücke ist geblieben
Es war keiner da, der sie hätte gefüllt
Übrig war eine Stimme die sagte
Du kannst es allein, wenn du willst

Probiert hab ich`s – es ist schon gegangen
Ein wenig langsam – so ist`s
Ans Ziel der Klarheit wollt ich gelangen

Der Weg dahin war nicht schwer
Eigentlich war ich innerlich auch nicht leer
Von irgendwoher hab ich es geschafft

Weggegangen – weil es so hat sein sollen
Ich hätte es unheimlich gern anders wollen
Einen Strich hat der eine durch meine Rechnung gemacht

Erst habe ich geweint, dann ein wenig gelacht
Gemerkt hab ich, daß ein anderer Weg es mir nicht so
schwer macht

Meine beiden Füße habe ich wieder entdeckt
Gespürt, daß eine andere Luft auch gut schmeckt

Ein neuer Weg hat sich aufgetan

Angehn tun neue Zeiten
Öffnen tun sich neue Weiten
Schärfen werde ich meinen Blick dafür
Manchmal auch noch mit dir...

Elisabeth Bartscher

– aufgewachsen in Bayern –

Erzieherin - Musikpädagogin

–„ ausgewandert “ nach Niedersachsen –

Lebt dort seit 38 Jahren

Die Texte in diesem Buch - **Band 1** - „wandern “
durch einzelne Lebensphasen

Manches Erlebte birgt Konsequenzen und
Auswirkungen

Impressum

2010 Autor Elisabeth Bartscher
Herstellung und Verlag: Books on Demand GmbH,
Norderstedt

ISBN 9783839183236